AF312232

# CATALOGUE

## DE

# TABLEAUX ANCIENS

## ET MODERNES

PAR

BEAUBRUN, P. VAN BLŒMEN, G. VAN DRILLENBURG, N. ELIAS, G. FLINCK,
JACOBS, JORDAENS, M.-J. MIEREVELT, ROSLIN,
D. VAN STANVOORT, TAUNAY, TRINQUESSE, VAN THIELEN ET QUELLIN,
VONCK, P. DE VOS, A. VAN DER WERFF, ETC.

J. VAN BEERS, E. DE BEAUMONT, J.-P. LAURENS, ETC.

## Provenant de la Collection de M. T***

### OU APPARTENANT A DIVERS

ET DONT LA VENTE AURA LIEU

# HOTEL DROUOT, SALLE N° I

## Le Samedi 1er Juin 1901

*à deux heures et demie*

| COMMISSAIRE-PRISEUR | EXPERT |
|---|---|
| **Mᵉ P. CHEVALLIER** | **M. JULES FÉRAL** |
| 10, rue Grange-Batelière | 54, faubourg Montmartre |

## EXPOSITION PUBLIQUE

### Le Vendredi 31 Mai 1901, de 1 heure 1/2 à 5 heures 1/2

# CONDITIONS DE LA VENTE

La vente sera faite au comptant.

Les acquéreurs paieront *dix pour cent* en sus de prix d'adjudication.

Paris. Imprimerie de l'Art, E. Moreau et Cie, 41, rue de la Victoire.

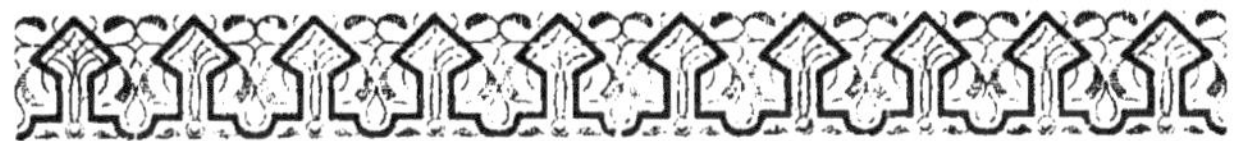

# DÉSIGNATION

## TABLEAUX
### APPARTENANT A M. T...

## TABLEAUX MODERNES

### ÉCOLE MODERNE.

1 — *Moutons sous bois.*

Toile. Haut., 73 cent.; larg., 59 cent.

470

### ÉCOLE MODERNE

2 — *Le Repos des Nymphes.*

Esquisse.

Bois. Haut., 15 cent.; larg., 9 cent.

### BEAUMONT
#### (EDOUARD DE)

3 — *Le Rêve.*

Toile. Haut., 50 cent.; larg. 38 cent.

150

## DELAROCHE

### (Attribué à PAUL)

100

4 — *Le Peintre et son modèle.*

Toile. Haut., 51 cent.; larg., 36 cent.

## LAURENS

### JEAN-PAUL)

450

5 — *Le docteur Faust.*

Toile. Haut., 40 cent.; larg., 44 cent.

## OTTENFELD

### (R.)

600

6 — *La Garde du Sultan.*

Joli tableau d'exécution précieuse.

Bois. Haut., 26 cent., larg., 33 cent.

## RETORÉ

### (MAX.)

150

7 — *Barques hollandaises sur l'Escaut.*

Toile. Haut., 60 cent.; larg., 1 mètre.

## ROBERT

### (Genre de LÉOPOLD)

8 — *Le Duo.*

Toile. Haut., 51 cent.; larg., 51 cent.

## VAN BEERS
### (JAN)

9 — *La Petite Pêcheuse.*  370

Bois. Haut., 80 cent.; larg. 21 cent.

## VAN BEERS
### (JAN)

10 — *La Femme à la fourrure blanche.*  460

Une jeune femme nue est étendue nonchalamment sur une fourrure blanche. Sur le sol sont jetés en désordre des vêtements, un éventail, un livre, des fleurs, etc.

Toile ovale. Haut., 35 cent.; larg., 68 cent.

## PAGLIARI

11 — *Une Noce italienne.*  170

Toile. Haut., 74 cent.; larg., 1 m. 3 cent.

## SERRURE

12 — *Parc seigneurial animé de personnages de l'époque Louis XV.*

Esquisse.

Toile. Haut., 34 cent.; larg., 37 cent.

# TABLEAUX ANCIENS

## BEAUBRUN
### (CHARLES)

13 — *Portrait de Jeune Femme.*

> En buste, tournée vers la droite, elle porte un corsage vert brodé d'or.
>
> Bois. Haut., 32 cent.; larg., 26 cent.

## BLOEMEN
### (PIERRE VAN)

14 — *L'Étable.*

> Une femme trait une vache, tandis qu'un homme maintient la bête par les cornes.
>
> Bois. Haut., 21 cent.; larg., 26 cent.

## BOL
### (Attribué à FERDIDAND)

15 — *Portrait d'un Magistrat.*

> En buste, col blanc et vêtement noir.
>
> Toile. Haut., 70 cent.; larg., 60 cent.

## BOURDON
### (SÉBASTIEN)

16 — *Réunion de Soudards dans un caveau.*

> Cuivre. Haut., 29 cent.; larg., 37 cent.

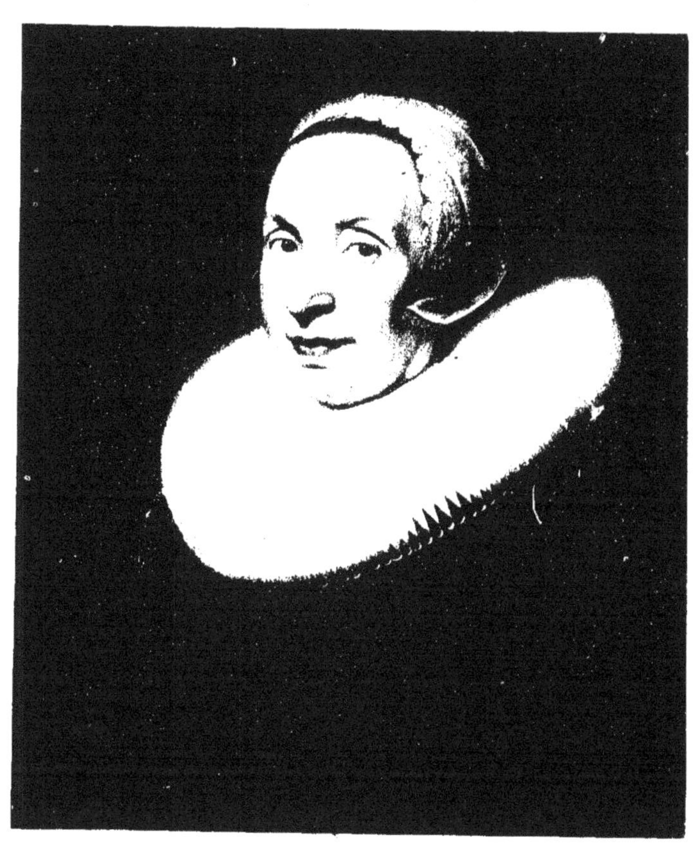

Nᵒ 19

# CUYP
## (Attribué à ALBERT)

17 — *Pâturage Hollandais.*

Des bœufs et des moutons au repos. A droite, une femme devant une habitation rustique. Au second plan et à gauche, un peintre dessinant des animaux.

Bois. Haut., 48 cent.; larg., 62 cent.

*300*

# DRILLENBURG
## (GUILL. VAN)

18 — *La Maison rustique.*

A droite, adossée contre des rochers, une habitation rustique; un cours d'eau occupe le centre de la composition. A gauche, un bouquet d'arbres près d'un chemin que suit un chasseur et des chiens. Un pont, sur lequel on voit une femme lessivant. Fond de collines.

Cette peinture, d'une belle coloration ambrée, a beaucoup d'analogie avec les œuvres de Ruysdaël.

Signé en toutes lettres *G. V. Drillenburg.*

Bois. Haut., 28 cent.; larg., 67 cent.

*290*

# ELIAS
## (NICOLAS)

19 — *Portrait de Femme.*

En buste, coiffée d'un béguin blanc à dentelle, une ample collerette tuyautée au cou. Elle est

*920*

vêtue d'étoffe noire à passementerie, galons et revers de fourrure. Sur le fond, le millésime 1641.

Bon portrait largement peint.

Bois. Haut., 55 cent.; larg., 46 cent.

## FLINCK
### (GOVERT)

20 — *La Chasteté de Joseph.*

Quittant sa couche, la femme de Putiphar cherche à retenir Joseph qui se dérobe à ses charmes.

Belle peinture, dans la manière de Rembrandt.

Toile. Haut., 74 cent.; larg., 88 cent.

## GLAIZE

21 — *Les Trois Grâces.*

Toile. Haut., 1 m. 40 cent.; larg., 71 cent.

## HELST
### (Genre de B. VAN DER)

22 — *Portrait de Jeune Fille.*

A mi-corps, légèrement décolletée, la chevelure retombe en boucles sur les épaules. Elle est vêtue d'une robe mauve à manches découvertes, une petite draperie descend de l'épaule gauche; la main tient une rose.

Fond de parc. A gauche, sur un motif d'architecture, l'inscription : *Act 15. Anno 1654.* Armoirie sur le fond à droite.

Toile. Haut., 83 cent.; larg., 63 cent.

# HENSTENBURGH
## (H.)

23 — *Parc avec Oiseaux de basse-cour.*

Très fine gouache, signée sur le terrain à
droite. *H. Henstenburgh, fecit 1694.*

Parchemin. Haut., 27 cent.; larg., 37 cent.

# HILLEGAERT
## (VAN)

24 — *Campement près d'une ville fortifiée.*

310

Importante composition animée d'un grand
nombre de figures et en bon état de conservation.

Toile. Haut., 1 m. 65 cent.; larg., 1 m. 19 cent.

# INCONNU

25 — *Étude d'Enfant.*

Toile. Haut., 68 cent.; larg., 52 cent.

# JONGH
## (LUDOLPH DE)

26 — *Portrait de Femme.*

300

A mi-jambes, assise, les mains croisées sur les
genoux. La tête coiffée d'un béguin noir ; au cou,

un col blanc à dentelle couvrant les épaules,
robe noire à galons, manchettes blanches à dentelles. A gauche, une Bible sur une table couverte
d'un tapis bleu.

Toile. Haut., 1 m. 20 cent.; larg., 90 cent.

## JACOBS

*1200*

27 — *Portrait de Jeune Femme.*

En buste, les cheveux blonds, bouclés et noués
aux extrémités, retombent sur les épaules, que
recouvre un ample col blanc orné de dentelles.
Vêtement noir, rehaussé de galons.

Bon portrait d'une tonalité lumineuse.

Bois. Haut., 63 cent.; larg., 51 cent.

## LOO
(Attribué à CARLE VAN)

*920*

28 — *Portrait d'un Maréchal de France.*

A mi-jambes, en armure, la main droite sur la
hanche, la main gauche tenant le bâton de com-
mandement. Une ceinture de soie blanche flotte
autour de la taille. Un ample manteau de velours
bleu, doublé de fourrure, est drapé sur les épaules.
Fond de ciel.

Beau portrait.

Toile. Haut., 1 mètre; larg., 82 cent.

## MIEREVELT
(MICHEL-JEAN)

*6800*

29 — *Portrait d'une Jeune Fille de qualité.*

A mi-corps. Blonde, la tête fine et gracieuse se

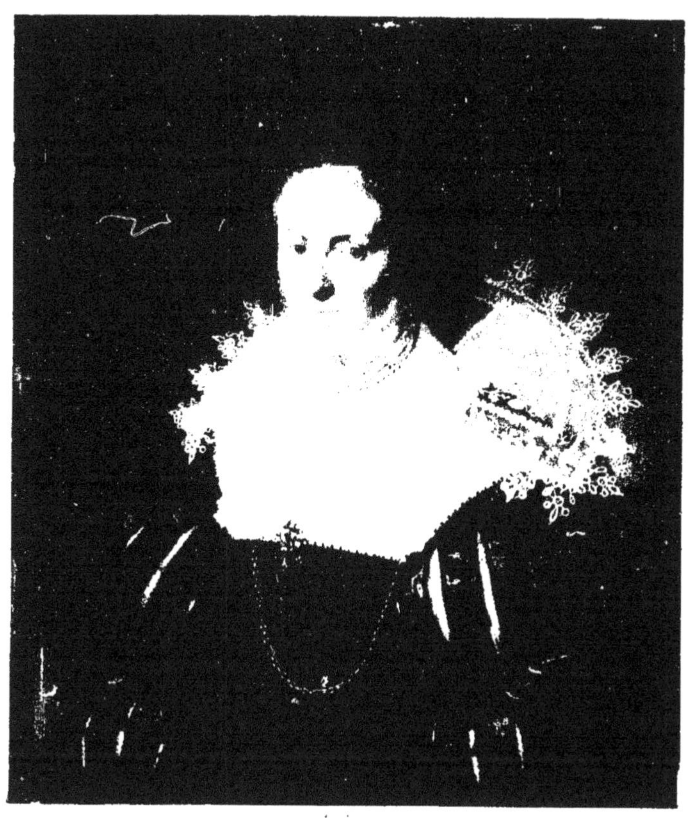

N° 19

détache sur une ample collerette de dentelle blanche, couvrant les épaules et la gorge. Un collier de perles autour du cou; sur la poitrine, une chaîne d'or. Elle est richement vêtue d'étoffe noire à passementeries et ornements brodés, les manches bouffantes sont à crevés. Des bijoux sur la poitrine, aux oreilles et dans la coiffure.

Beau et important portrait.

Bois. Haut., 73 cent.; larg., 60 cent.

## NATTIER
(D'après J.-M.)

30 — *Portrait d'une Fille de Louis XV, en costume de chasse.*      200

Toile. Haut, 97 cent.; larg., 70 cent.

## PALAMÈDE
(Attibué à)

31 — *Cavalier et dame dans un intérieur hollandais.*      200

Bois. Haut., 89 cent.; larg., 35 cent.

## PIOMBO
(Genre de SÉBASTIEN DEL)

32 — *Portrait de Jeune Homme.*

Coiffé d'une toque, vêtement noir à crevés. La main droite sur la hanche.      110

Toile ovale. Haut., 75 cent.; larg., 64 cent.

# RUBENS
## (École de)

**1700**

33 — *Portrait présumé de la régente Isabelle.*

En buste, vêtue d'un costume d'apparat, coiffure relevée, surmontée d'une toque noire à plumes. Une collerette de dentelle au cou, corsage rouge passementé d'argent et recouvert en partie d'un mantelet en velours noir frappé. Le vêtement, la main, la coiffure, sont enrichis de bijoux divers, chaînes d'or, perles, etc. Deux armoiries sur le fond et l'inscription : *Anno 1615 .Et. suæ 37*.

Toile. Haut., 78 cent.; larg., 63 cent.

# RUBENS
## (École de)

**3000**

34 — *Portrait d'une Dame de qualité.*

A mi-jambes, très richement vêtue et parée; dans la coiffure blonde sont piquées des fleurs et des bijoux, au cou une ample collerette de dentelle, la robe est noire, le corsage enrichi de chaînes et bijoux, manchettes de dentelle. La main droite tient un éventail de plumes, la main gauche relève la robe, laissant voir la jupe en satin blanc galonné de noir.

Ce bon portrait se détache sur une draperie rouge. A gauche, des armoiries et l'inscription : *Anno 1630 .Etatis 43*.

Cadre en bois sculpté.

Toile. Haut., 1 m. 6 cent.; larg., 93 cent.

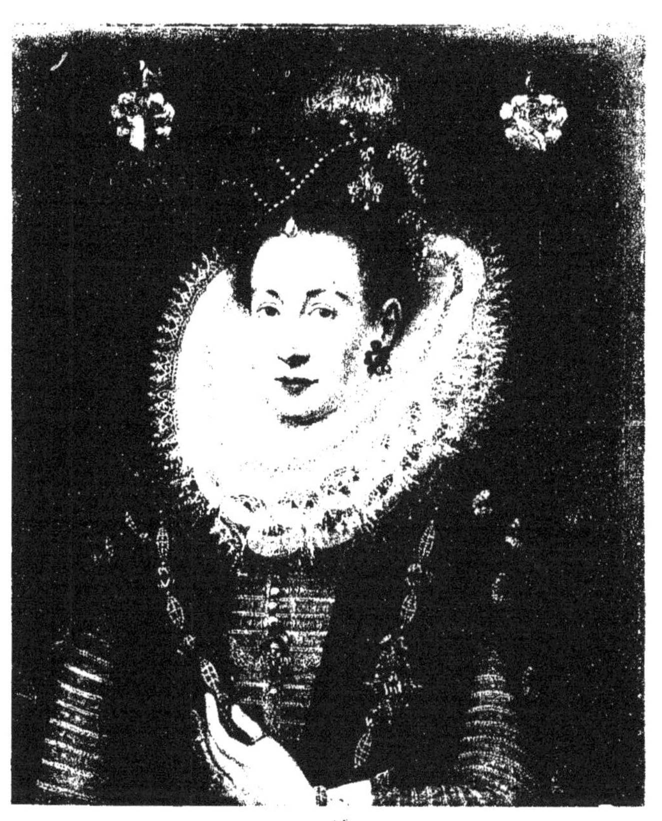

Nº 88

# RUBENS
## (École de)

*35 — Portrait d'une Dame de qualité.*

450

Représentée à mi-jambes, en toilette d'apparat, une ample collerette de dentelle encadre la tête, la gorge est décolletée. Elle est vêtue de soie amarante. La main droite repliée sur la poitrine, la main gauche tenant un éventail de plumes. Le corsage, le cou, les oreilles, les cheveux, sont ornés de bijoux.

Fond d'architecture avec draperie verte.

Toile. Haut., 95 cent.; larg., 75 cent.

# RUYSDAEL
## (Attribué à JACQUES)

*36 — Vue de Norvège.*

370

Ci-dessous la copie de l'attestation qui fut donnée en 1875 par feu M. Héris, de Bruxelles.

« Représente un paysage. Vue prise en Norvège. Au premier plan une rivière borde un pays montagneux; vers la droite, sur une hauteur, on voit un chalet entouré d'arbres d'où part un chemin sur lequel on voit un villageois descendant vers la rive, où au milieu de broussailles paît un troupeau de moutons dû au pinceau d'Eug. Verberckhoven. » Cette œuvre peinte par J. Ruysdaël, provient de la collection de lord Norwich. Vendu à Londres, en 1803.

Toile. Haut., 80 cent.; larg., 63 cent.

## SANTVOORT
### (DIRK VAN)

**3000**

37 — *Portrait de Jeune Femme.*

En buste : sur le sommet de la tête une petite toque à broderie et garnitures de perles ; les cheveux retombant en boucles sur les épaules ; collier de perles, riche col blanc garni de dentelle, vêtement noir broché avec plastron en broderie d'or.

Sur le fond l'inscription : *Anno 1655, Ætatis 23.*

Toile. Haut., 64 cent.; larg., 48 cent.

## SNYDERS
### (Attribué à FRANZ)

**230**

38 — *Taureau poursuivi par des chiens.*

Grande composition décorative.

Toile. Haut., 2. m. 35 cent.; larg., 1 m. 75 cent.

## STROZZI

**310**

39 — *Portrait d'un Cardinal.*

A mi-jambes, assis dans un fauteuil, vêtu d'un surplis blanc et camail rouge, à sa droite, une table couverte d'un tapis rouge.

Beau portrait.

Toile. Haut., 1 m. 80 cent.; larg., 1 m. 80 cent.

## TAUNAY
### (NICOLAS)

**600**

40 — *Une Rixe.*

Emportés par la fureur, deux hommes armés de

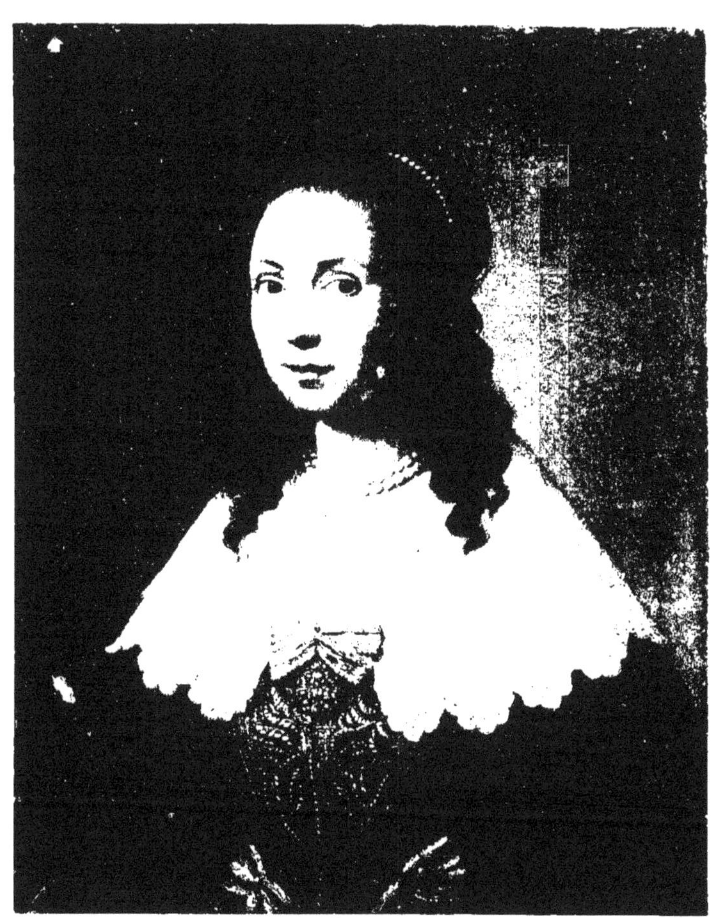

dagues sont séparés par des femmes et des enfants qui s'interposent.

Jolie composition de la meilleure qualité et d'une conservation parfaite. Signé à droite sur le terrain.

Bois. Haut., 18 cent.; larg., 23 cent.

## THIELEN
### (JAN-VAN)

## QUELLIN
### (ERASME)

**41 — *Fleurs entourant une figure de Saint.***

Des fleurs les plus variées ornent un motif en grisaille, présentant au centre une figure de Saint. Des insectes et des papillons s'ébattent sur les bouquets.

Important tableau d'une précieuse exécution.

Cuivre. Haut. 1 m. 27 cent.; larg., 1 mètre

## VAN DYCK
### (ÉCOLE DE)

**42 — *Portrait d'une Dame de qualité.***

En pied, richement vêtue de soie amarante, à passementerie d'argent; de la main gauche, elle tient un bouquet de fleurs d'orangers. chevelure brune, à boucles retombant sur les épaules décolletées.

Fond de parc avec architecture et draperie rouge.

Toile. Haut., 1 m. 92 cent.; larg., 1 m. 20 cent.

# VONCK
## (TH.)

**240**

43 — *Nature morte.*

Sur une table, sont disposés une sphère ter-
restre, un bol de faïence de Delft, contenant
des fruits, puis un homard, un citron coupé, des
. raisins, des prunes, un petit pain, etc.
Signé à gauche et daté 1654.

Toile. Haut., 70 cent.; larg., 1 m. 04 cent.

# VOS
## (PAUL DE)

**220**

44 — *Sanglier forcé par un chasseur et ses chiens.*

Belle peinture décorative, d'une exécution large
et vigoureuse.

Toile. Haut., 2 m. 35 cent.; larg., 1 m. 75 cent.

# WERFF
## (ADRIEN VAN DER)

**200**

45 — *La Nymphe chasseresse.*

Elle est assise sur un tertre, couvert en partie
d'une draperie bleue. Sur le sol, un carquois
rempli de flèches. Fond de paysage accidenté.

Bois. Haut., 29 cent.; larg., 27 cent.

## ÉCOLE ALLEMANDE

**46 — *Portrait d'Homme.***

En buste, figure à grande barbe grise, il porte
·une collerette blanche, son vêtement est noir. Sur
le fond vert, une armoirie.

Bois. Haut., 62 cent.; larg., 48 cent.

*190*


## ÉCOLE ESPAGNOLE
### (XVII<sup>e</sup> SIÈCLE)

**47 — *Portrait d'une Infante.***

En pied, vêtue d'un costume rouge broché,
dont la jupe est à panier, les épaules couvertes
d'un col de dentelle blanche, parée de bijoux.
Une draperie rouge couvre le fond de muraille.

Toile. Haut., 2 m. 08 cent.; larg., 1 m. 44 cent.

*305*


## ÉCOLE FRANÇAISE
### (XVI<sup>e</sup> SIÈCLE)

**48 — *Portrait présumé du duc de Guise.***

En pied, il porte un vêtement amarante et la
demi-cuirasse d'apparat, damasquinée d'or, haut
de chausse rouge et bottes molles éperonnées, la
main gauche sur la garde de l'épée. A sa droite,
sur une table couverte d'un tapis vert, un gantelet
et le casque empanaché.

Portrait très intéressant pour le costume.

Toile. Haut., 1 m. 95 cent.; larg., 1 m. 20 cent.

*350*

# ÉCOLE TOSCANE

**400**

49 — *La Madone et l'Enfant Jésus.*

> La Vierge est vêtue d'une robe rouge, un manteau vert galonné descend du sommet de la tête, drapant son corps. Elle incline légèrement la tête vers l'Enfant qu'elle soutient du bras droit, celui-ci tend les bras vers sa mère.
>
> Intéressante peinture sur fond d'or.
>
> Bois. Haut., 5o cent.; larg., 35 cent.

50 — Cadres en bois sculptés et dorés, des époques Louis XIV et Louis XV.

# TABLEAUX

## APPARTENANT A DIVERS

### BORDONE
(PARIS)

51 — *Femme et Amour.*           **260**

> Une jeune femme debout, vêtue d'une robe de satin rose largement décolletée, tient de la main gauche une boucle de sa chevelure blonde et serre contre elle un amour debout à ses côtés.
>
> Toile. Haut., 1 mètre; larg., 80 cent.

### JORDAENS
(JACQUES)

52 — *Jésus et la Samaritaine.*           **800**

> Importante composition de six personnages de grandeur naturelle.
>
> Toile. Haut., 1 m. 77 cent.; larg., 2 m. 21 cent.

### NATTIER L'AINÉ
(JEAN-BAPTISTE)

53 — *Portrait d'un Ingénieur-géographe.*       **1000**

> Il est assis sur un fauteuil, vu de face, le visage souriant et vêtu d'une robe brune galonnée d'or, largement ouverte sur une chemise à jabots et manchettes plissées; accoudé sur une table, la main gauche désignant de l'index une mappe-

monde; il tient de la main droite un feuillet à demi-roulé sur lequel on lit : *plan et environs.....  de Namur*.

Cadre en bois sculpté.

Toile. Haut., 1 m. 26 cent.; larg., 92 cent.

## PANINI

200

**54 — *Ruines au bord de la mer.***

Cadre en bois sculpté.

Toile. Haut., 76 cent.; larg., 90 cent.

## ROSLIN
### (ALEXANDRE)

2200

**55 — *Portrait de Dame.***

Vue à mi-corps, légèrement tournée vers la droite, le visage de face, les cheveux poudrés relevés et tombant en boucles sur les épaules. Elle est vêtue d'un corsage vert décolleté et entourée d'un manteau de satin blanc, accoudée sur une table à jeu et tient une rose de la main gauche.

Cadre en bois sculpté.

Toile. Haut., 80 cent.; larg., 36 cent.

## TAUNAY

160

**56 — *La Cascade.***

Toile. Haut., 68 cent.; larg., 98 cent.

# TRINQUESSE

**57 —** *Portrait d'un Jeune artiste.*

Il est assis sur une chaise de paille, tourné vers la gauche, en habit rouge, appuyé sur un carton à dessins et tenant de la main droite un porte-crayon ; la tête inclinée de trois quarts vers le spectateur.

Cadre en bois sculpté.

Toile. Haut., 64 cent.; larg., 52 cent.

2750

# WEENIX
(Attribué à JEAN)

**58 —** *Oiseaux et Gibier étendus à terre.*

Toile. Haut., 93 cent.; larg , 45 cent.

# WERFF
(J. VAN DER)

**59 —** *Portrait d'un Prince en armure.*

Debout, faisant un geste vers la gauche ; il porte sur les épaules un manteau doublé d'hermine.

Toile. Haut., 1 m. 36 cent.; larg., 1 m. 4 cent.

600

# ÉCOLE HOLLANDAISE

**60 —** *Fruits et Gibier.*

Toile. Haut., 72 cent.; larg., 1 m. 2 cent.

170

# VOS
### (CORNÉLIS DE)

**500**

**61 — *Portrait de Cornélis Franz Van Lauwen.***

En buste, tourné de trois quarts vers la droite, vêtement noir et large fraise blanche à tuyautés rigides.

En haut, à droite : *Ætatis suæ, anno 1632.*

Beau portrait largement peint et d'une vivante expression.

Bois. Haut., 68 cent.; larg., 57 cent.

## ÉCOLE FRANÇAISE

**175**

**62 — *La Reprise.***

Un gentilhomme assis sur un fauteuil, la jambe tendue et appuyée sur les genoux d'une dame reprisant son bas.

Dessus de porte.

Toile. Haut., 71 cent.; larg., 1 m. 40 cent.

## ÉCOLE FRANÇAISE

**350**

**63 — *Jeux d'Amours.***

Trois dessus de portes.

Toiles. Haut., 87 cent.; larg., 90 cent.

## ÉCOLE FRANÇAISE
### (Époque Louis XIV)

**470**

**64 — *Andromède sur un rocher.***

Toile. Haut., 3 m. 45 cent.; larg., 2 m. 90 environ.

www.ingramcontent.com/pod-product-compliance
Ingram Content Group UK Ltd.
Pitfield, Milton Keynes, MK11 3LW, UK
UKHW031724170726
13836UKWH00001B/425